RÉPUBLIQUE FRANÇAISE

MINISTÈRE DE LA GUERRE

INSTRUCTION

STIPULANT LES CONDITIONS D'ADMISSION AUX PLACES

D'ENFANTS DE TROUPE

DANS LES

ÉCOLES MILITAIRES PRÉPARATOIRES

ET A

L'ORPHELINAT HÉRIOT

4e ÉDITION

Annotée, complétée et mise au courant de la législation jusqu'au 1er août 1890.

PARIS
11, Place St-André-des-Arts, 11

LIMOGES
46, Nouvelle route d'Aixe, 46

IMPRIMERIE ET LIBRAIRIE MILITAIRES

HENRI CHARLES-LAVAUZELLE
Editeur

1890

RÉPUBLIQUE FRANÇAISE.

MINISTÈRE DE LA GUERRE.

INSTRUCTION

STIPULANT LES CONDITIONS D'ADMISSION AUX PLACES

D'ENFANTS DE TROUPE

DANS LES

ÉCOLES MILITAIRES PRÉPARATOIRES

ET A

L'ORPHELINAT HÉRIOT

(4e ÉDITION)

Annotée, complétée et mise au courant de la législation jusqu'au 1er août 1890.

PARIS
11, Place Saint-André-des-Arts.

LIMOGES
46, Nouvelle route d'Aixe, 46.

IMPRIMERIE ET LIBRAIRIE MILITAIRES

HENRI CHARLES-LAVAUZELLE

ÉDITEUR.

1890

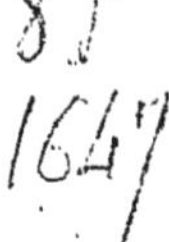

INSTRUCTION

Pour les conditions d'admission aux places

D'ENFANTS DE TROUPE

DANS LES

ÉCOLES MILITAIRES PRÉPARATOIRES

ET A

L'ORPHELINAT HÉRIOT (1)

Loi ayant pour objet la suppression des enfants de troupe dans les régiments et la création de six écoles militaires préparatoires. (19 juillet 1884.)

Art. 1er. Les fils des soldats, caporaux ou brigadiers, sous-officiers, officiers jusqu'au grade de capitaine inclusivement ou assimilés, admis en qualité d'enfants de troupe sur la proposition des conseils d'administration des corps, conformément aux lois et règlements en vigueur et dans les limites et conditions déterminées par le décret mentionné en l'article 6 de la présente loi, seront laissés dans leurs familles jusqu'à l'âge de 13 ans. Ils ne toucheront plus de rations de vivres, mais leurs familles recevront les allocations suivantes :

Cent francs (100 fr.) pour les enfants de 2 à 5 ans ;

Cent cinquante francs (150 fr.) pour les enfants de 5 à 8 ans ;

Cent quatre-vingts francs (180 fr.) pour les enfants de 8 à 13 ans (1).

Les dispositions de cet article sont applicables aux fils d'officiers supérieurs ou assimilés, décédés.

---

(1) L'indemnité attribuée aux enfants de troupe se décompte à raison du 1/4 de la fixation annuelle pour les enfants qui ne font pas mutation dans le cours d'un trimestre, et à raison de 1/365e de la fixation pour ceux qui font mutation. (Note ministérielle du 12 novembre 1885.)

Art. 2. Il est créé six écoles militaires préparatoires, dont quatre pour l'infanterie, une pour la cavalerie, une pour l'artillerie et le génie, dans lesquelles les enfants ci-dessus mentionnés et remplissant les conditions déterminées par le décret prévu à l'article 6 de la présente loi, reçoivent, aux frais de l'Etat, une instruction et une éducation qui les mettent à même de servir utilement leur pays dans l'avenir.

Art. 3. L'admission des élèves n'est prononcée que sur la production d'une déclaration signée par les parents ou tuteurs, et par laquelle les enfants sont autorisés à contracter l'engagement spécifié par l'article 5 de la présente loi.

Art. 4. Les enfants doivent avoir 13 ans révolus et moins de 14 ans au 1er août de l'année de leur admission dans les écoles.

Art. 5. A l'âge minimum fixé par la loi sur le recrutement de l'armée pour l'admission des engagés volontaires, les élèves des écoles préparatoires reconnus aptes au service militaire sont appelés à contracter un engagement dont le terme est déterminé par la date de l'expiration légale du service dans l'armée active de la classe à laquelle ils doivent appartenir par leur âge.

L'élève engagé entre dans l'armée comme soldat.

Celui qui refuse de s'engager est immédiatement rendu à ses parents, et le Ministre de la guerre est autorisé à exercer, soit sur le traitement, soit sur les ressources personnelles de l'enfant une retenue égale à la moitié des frais d'entretien payés par l'Etat.

Le prélèvement opéré dans ces conditions sur le traitement des parents (solde d'activité ou pension de retraite) ou les ressources personnelles de l'enfant, ne pourra excéder, par an, le dixième du montant de ce traitement ou de ces ressources.

Art. 6. Un décret du Président de la République déterminera :

1° Le nombre des enfants de troupe à présenter par les conseils d'administration des corps de troupe et les conditions à remplir par les familles qui sollicitent cette faveur ;

2° L'organisation des écoles créées en vertu de l'article 2 de la présente loi, le nombre des élèves à y admettre, ainsi que les conditions de cette admission et le nombre de places réservées à chaque arme ou service.

Instruction du 12 *avril* 1888, *pour les nominations aux places d'enfants de troupe et l'admission dans les écoles militaires préparatoires et à l'orphelinat Hériot.*

OBSERVATIONS PRÉLIMINAIRES.

Art. 1er. La présente instruction remplace, en les abrogeant, toutes les dispositions antérieures relatives à la nomination et à l'administration des enfants de troupe laissés dans leurs familles, ainsi que celles qui concernent l'admission des candidats dans les écoles militaires préparatoires et à l'orphelinat Hériot.

TITRE Ier.

Admission aux places d'enfant de troupe.

CHAPITRE Ier.

CONDITIONS D'ADMISSIBILITÉ.

Art. 2. Ne peuvent être admis en qualité d'enfants de troupe ou dans les écoles militaires préparatoires que les fils des soldats, caporaux ou brigadiers, sous-officiers, officiers jusqu'au grade de capitaine inclusivement ou assimilés, et les fils d'officiers supérieurs ou assimilés décédés.

Les fils de militaires retirés du service ne sont aptes à concourir qu'autant que leur père est, ou a été, en possession d'une pension de retraite intégrale ou proportionnelle, d'une pension de réforme pour infirmités ou blessures ou qu'il a contracté un rengagement de cinq ans au moins.

Les fils des militaires réformés par congé n° 1 et jouissant d'une gratification permanente sont également admis au bénéfice de ces dispositions. (Note minist. du 1er novembre 1888.)

Sont admis à concourir aux places d'enfants de troupe, sans conditions d'ancienneté de service, les fils des militaires de la réserve de l'armée active, de l'armée territoriale et de la réserve de cette armée, tués à l'ennemi ou morts des suites de leurs blessures.

Ces enfants doivent être âgés de 2 ans au moins et de 13 ans au plus au 1er août pour pouvoir être proposés pour enfants de troupe; ils doivent être âgés de 13 ans au moins et de 14 ans au plus à la même date pour être admis dans les écoles militaires préparatoires.

CHAPITRE II.

TRANSMISSION DES DEMANDES.

Art. 3. Les demandes d'admission sont formées par les parents ou tuteurs des enfants. Elles sont adressées, chaque année, avant le 1er juillet :

1° Pour les fils de militaires appartenant à un corps de troupe, au président du conseil d'administration de ce corps ;

2° Pour les fils de militaires ne faisant pas partie d'un corps de troupe, hiérarchiquement au général commandant le corps d'armée par l'intermédiaire du chef du service auquel ils appartiennent ;

3° Pour les militaires des troupes de terre et de mer ayant quitté le service, directement à MM. les généraux commandant les corps d'armée sur le territoire desquels ils résident ou par l'intermédiaire de l'autorité militaire locale ou de la gendarmerie.

Art. 4. Ces demandes doivent être accompagnées des pièces ci-après :

1° Une déclaration (modèle n° 1) par laquelle les parents ou le tuteur (1) du candidat s'engagent à reverser au Trésor la moitié des indemnités perçues par eux dans le cas où l'enfant, par suite de renonciation, n'entrerait pas dans une école militaire préparatoire lorsqu'il aura atteint l'âge prescrit ;

2° Un certificat délivré par le maire de la localité où est domiciliée la famille, énonçant exactement les moyens d'existence, le nombre d'enfants et les autres charges des parents. Ce certificat doit, en même temps, donner des renseignements sur la moralité de la famille. Il est délivré par le conseil d'administration, lorsque le père de l'enfant fait partie d'un corps de troupe (modèle n° 2) ;

3° L'acte de naissance de l'enfant, revêtu des formalités prescrites par la loi (2) ;

4° Un état authentique des services du père et de l'enfant ;

5° L'acte de mariage des parents ;

---

(1) Après la dissolution du mariage arrivée par la mort de l'un des époux, la tutelle des enfants appartient de plein droit au survivant.

A défaut du père et de la mère, et si le dernier survivant n'a pas déféré la tutelle, celle-ci appartient de plein droit à l'aïeul paternel du mineur et, à son défaut, à l'aïeul maternel.

Enfin, le père survivant, ou la mère survivante, a la faculté de choisir, pour l'époque qui suivra son décès, un tuteur aux enfants mineurs.

A défaut d'un tuteur désigné légalement comme dans les trois cas ci-dessus, il doit être pourvu à la nomination d'un tuteur par le conseil de famille.

(2) Les pièces n° 3 et n° 5 pourront être établies sur papier libre au titre du service militaire.

6° Une déclaration d'un médecin militaire ou, à son défaut, d'un médecin civil, dûment légalisée, faisant connaître que l'enfant a eu la petite vérole ou qu'il a été vacciné (modèle n° 3).

Le médecin constatera, dans ce certificat, que l'enfant n'est atteint d'aucune infirmité pouvant l'empêcher plus tard de contracter un engagement volontaire.

Lorsque le candidat aura l'âge voulu pour entrer dans une école militaire préparatoire, la déclaration à produire par les parents devra être conforme au modèle n° 4.

CHAPITRE III.

INSTRUCTION DES DEMANDES.

Art. 5. MM. les gouverneurs de Paris et de Lyon et MM. les généraux commandant les corps d'armée font instruire, par les conseils d'administration des corps de troupe placés sous leur commandement, les demandes qui leur sont adressées directement ou par la voie hiérarchique et celles qui leur sont transmises par le Ministre.

Ils désignent, de préférence, les conseils d'administration de l'arme dans laquelle le père du candidat a servi et, autant que possible, celui qui est le plus à proximité de la résidence de la famille.

Dans les corps d'armée où il n'existe pas de régiment du génie, les demandes formées par des anciens militaires de cette arme seront instruites par un régiment d'artillerie.

Quant aux demandes formées par des anciens militaires résidant en Algérie ou en Tunisie et dont l'arme d'origine n'y serait pas représentée, elles seront examinées par un des conseils d'administration des corps stationnés sur ces territoires (1).

Art. 6. Les conseils d'administration s'assurent que les formalités sont remplies et que les pièces sont au complet; ils réclament celles qui pourraient manquer et établissent un mémoire de proposition (modèle n° 5) qu'ils adressent hiérarchiquement le 1er juillet au général commandant le corps d'armée avec toutes les pièces énumérées à l'article 4 pour être remises à la commission régionale (2).

---

(1) Les demandes formées par les anciens militaires de l'armée de terre domiciliés dans les colonies, seront instruites par les conseils d'administration des compagnies ou détachements de la gendarmerie coloniale, auxquels elles seront adressées directement par les intéressés.

(2) Les dossiers des demandes instruites par les conseils d'administration des compagnies ou de détachements de la gendarmerie coloniale, qu'ils soient établis en faveur d'un militaire en activité de service dans la compagnie ou d'un ancien militaire, sont adressés au Ministre de la guerre par l'intermédiaire du Ministre de la marine, de manière à lui parvenir le 1er juillet au plus tard.

Les dossiers concernant les candidats dont le père ne remplirait pas les conditions prescrites par l'article 2 de la présente instruction seront retournés dans le plus bref délai, avec un rapport du président du conseil d'administration, à MM. les généraux commandant les corps d'armée, auxquels il appartiendra de renvoyer à la famille les pièces qu'elle aura produites et de lui faire connaître les motifs pour lesquels il n'est pas possible de faire classer sa demande.

Les demandes transmises tardivement seront ajournées à l'année suivante.

CHAPITRE IV.

CLASSEMENT DES DEMANDES PAR LA COMMISSION RÉGIONALE.

Art. 7. Les demandes d'admission sont examinées et classées, dans chaque corps d'armée, par une commission nommée par le général commandant le corps d'armée et composée de : un colonel ou lieutenant-colonel d'infanterie, président, et quatre membres du grade de commandant ou assimilés, choisis dans toutes les armes et désignés, autant que possible, parmi les officiers supérieurs résidant au chef-lieu de la région.

Cette commission sera convoquée vers le 15 juillet par les soins des généraux commandant les corps d'armée.

Art. 8. Les titres des candidats sont appréciés et résumés par chacun des membres de la commission au moyen d'une cote numérique représentée par un nombre entier pris dans l'échelle de 0 à 20.

Le total des cotes attribuées à chaque proposition déterminera l'ordre de mérite sur la liste de classement. Lorsque plusieurs enfants obtiendront le même nombre de points, la priorité sera déterminée par l'âge des candidats (1).

Art. 9. Les classements relatifs au recrutement des écoles militaires préparatoires et à la nomination des enfants de troupe n'ont lieu qu'une seule fois par an.

---

(1) Les demandes sont classées d'après les titres des pétitionnaires.

En principe, l'ordre de préférence est le suivant :

1° Fils de militaires décédés en activité de service ;
2° Fils de militaires décédés étant retirés du service ;
3° Fils de militaires rengagés ou commissionnés en activité de service ;
4° Fils de militaires en activité de service ;
5° Fils de militaires retirés du service.

Mais il appartient d'une manière absolue aux commissions, de déterminer le rang de classement des candidats d'après l'examen des états de service du père et du certificat du maire ou du conseil d'administration. (Art. 7 de l'instr. du 4 septembre 1885.)

Le travail de la commission, établi conformément aux dispositions du modèle n° 6, est adressé chaque année au Ministre (*Direction de l'Infanterie*, 2e *Bureau*) par les soins de M. le général commandant le corps d'armée avant le 1er septembre, terme de rigueur.

Les dossiers des candidats ne sont jamais joints à cet envoi.

CHAPITRE V.

NOMINATIONS.

Art. 10. Le Ministre prononce les admissions dans les écoles militaires préparatoires et aux places d'enfant de troupe d'après l'ordre du classement des commissions régionales (1).

Toutefois, les nominations aux places d'enfant de troupe ne peuvent avoir lieu qu'autant qu'il existe des vacances dans la série à laquelle les candidats appartiennent par leur âge.

Le Ministre désigne les corps de troupe dans lesquels les candidats seront immatriculés.

Art. 11. Les commandants de corps d'armée notifient les décisions du Ministre aux conseils d'administration intéressés (2).

Les dossiers des enfants dont l'admission comme enfants de troupe ou dans une école militaire a été prononcée, sont adressés au conseil d'administration du corps désigné par le Ministre pour procéder à l'immatriculation de ces enfants.

Les conseils d'administration donnent avis de cette mesure aux familles et les informent qu'à partir de la date fixée par le Ministre, elles auront droit, selon l'âge de l'enfant, s'il s'agit d'une nomination d'enfant de troupe, à l'allocation annuelle fixée par la loi du 19 juillet 1884.

Les autres dossiers sont rendus aux familles par les soins des conseils d'administration qui les ont instruits. Ceux-ci leur font connaître qu'il n'a pu être donné suite à leur demande, mais qu'elles pourront la renouveler ultérieurement si l'enfant remplit encore les conditions d'admission.

Art. 12. Ces diverses communications et transmissions de pièces sont faites par l'intermédiaire des maires.

---

(1) La liste de classement est adressée par le général commandant au Ministre, qui prononce les admissions d'après l'ordre de classement et les vacances qui existent dans les différents âges.

Il ne peut pas être admis plus de deux enfants dans une même famille. (Art. 9 et 10 de l'instruction du 4 septembre 1885.)

(2) Les commandants des compagnies ou détachements de la gendarmerie coloniale sont informés, par l'intermédiaire du Ministre de la marine, de la décision du Minisre de la guerre.

TITRE II.

Administration des enfants de troupe laissés dans leur famille.

CHAPITRE VI.

PAIEMENT DE L'INDEMNITÉ.

Art. 13. Les enfants de troupe sont laissés dans leur famille jusqu'au moment de leur mise en route sur les écoles militaires préparatoires qui, en principe, a lieu, chaque année, dans le courant du mois d'octobre. Ils ne touchent aucune ration de vivres, mais les familles reçoivent les allocations annuelles suivantes :

Cent francs pour les enfants de 2 *à* 5 *ans* ;
Cent cinquante francs pour les enfants de 5 *à* 8 *ans* ;
Cent quatre-vingts francs pour les enfants au-dessus de 8 *ans*.

Art. 14. Ces allocations sont payées sur les fonds de la solde par les soins du conseil d'administration des corps de troupe, pour tous les enfants inscrits sur les contrôles des corps.

Le paiement en est effectué aux parents ou tuteurs par trimestre et à terme échu, directement chez les trésoriers des corps ou au moyen de mandats délivrés par les trésoriers-payeurs généraux ou les receveurs particuliers et transmis aux ayants droit par l'intermédiaire des maires.

Les familles ont le choix entre ces deux modes de paiement ; toutefois, le premier mode est toujours applicable dans le cas où l'enfant est fils d'un militaire appartenant à un corps de troupe et lorsque la famille réside dans la localité où se trouve stationné le corps de troupe dans lequel l'enfant est inscrit (1).

L'indemnité à payer à la fin de chaque trimestre aux enfants de troupe doit être décomptée à raison d'un quart de l'indemnité annuelle, pour les enfants qui figurent sur les contrôles d'un corps pendant tout le trimestre, et sur le pied de 1/365 par jour, pour ceux qui ont été portés sur les contrôles ou en ont été rayés pendant le cours du trimestre, ou qui ont acquis, pendant cette période, des droits à une allocation plus élevée.

---

(1) En cas de changement de domicile, les familles ou le tuteur en informent les maires de l'ancienne et de la nouvelle demeure, lesquels en donnent, sans retard, avis aux conseils d'administration intéressés. Les décès des enfants ou de leurs parents, les changements qui peuvent survenir dans la tutelle de ces enfants sont également portés à la connaissance des conseils d'administration par les maires. (Art. 24 du décret du 3 mars 1885.)

Art. 15. Le paiement de l'indemnité de 180 francs, allouée aux enfants de troupe laissés chez leurs parents et qui atteignent l'âge de 14 ans, doit être continué sans interruption jusqu'au jour fixé pour la mise en route de ces enfants sur les écoles militaires préparatoires.

CHAPITRE VII.

VOYAGE EN CHEMIN DE FER.

Art. 16. Afin de permettre aux enfants de troupe laissés dans leur famille et voyageant en chemin de fer de profiter des réductions de prix accordées aux militaires, il peut être délivré, sur la demande des parents ou tuteurs, une feuille de route sans indemnité.

Les demandes devront être adressées au commandant d'armes le plus voisin ; la mention « accordé » portée sur ces demandes et signée par ce commandant d'armes remplacera l'invitation de feuille de route.

CHAPITRE VIII.

HOSPITALISATION DES ENFANTS DE TROUPE.

Art. 17. Les enfants de troupe présents ou absents sont admis dans les hôpitaux à la charge du département de la guerre, conformément aux dispositions de l'article 196 du règlement du 25 novembre 1889 sur le service de santé et de la note ministérielle du 10 novembre 1885, insérée au *Journal militaire officiel*, 2e semestre 1885, partie réglementaire, page 736.

CHAPITRE IX.

MUTATIONS ET RADIATIONS.

Art. 18. En cas de changement de domicile, la famille ou le tuteur informent les maires de l'ancienne et de la nouvelle demeure, lesquels en donnent, sans retard, avis aux conseils d'administration intéressés.

Les décès des enfants ou de leurs parents, les changements qui peuvent survenir dans la tutelle de ces enfants sont également portés à la connaissance des conseils d'administration par les maires.

Art. 19. Sont rayés des contrôles et cessent d'avoir droit aux allocations :

1° Les enfants qui ont obtenu une bourse entière dans un établissement quelconque d'instruction ;

2° Les enfants signalés par leur mauvaise conduite et ceux qui seraient condamnés à une peine en matière criminelle ou correctionnelle ;

3° Les enfants auxquels surviendraient, après leur admission, des infirmités les rendant impropres au service militaire.

Les radiations, lorsqu'il y a lieu, sont prononcées par les généraux commandants de corps d'armée, lesquels sont, suivant le cas, renseignés par les conseils d'administration ou les maires.

Art. 20. A la fin de chaque trimestre, un bulletin de mutation (modèle 7) est établi par chaque corps de troupe et adressé au commandant du corps d'armée. Les corps dans lesquels il n'y a pas eu de mutation parmi les enfants de troupe produisent un état négatif.

Art. 21. Tous ces bulletins, réunis dans un bordereau unique par les soins de MM. les généraux commandant les corps d'armée, sont adressés au Ministre dans la quinzaine qui suit le trimestre auquel ils se rapportent.

Art. 22. Au 1er juillet de chaque année, les conseils d'administration des corps de troupe de toutes armes, y compris les compagnies de gendarmerie, adressent à MM. les généraux commandant les corps d'armée une situation nominative, à la date de ce jour (modèle n° 8), de tous les enfants de troupe immatriculés sur les contrôles du corps, portant au dos la récapitulation des mutations d'effectif survenues depuis le 1er juillet de l'année précédente.

Ces situations, accompagnées d'un état numérique récapitulatif pour tout le corps d'armée, sont transmises au Ministre le 15 juillet au plus tard.

TITRE III.

Admission dans les écoles militaires préparatoires.

CHAPITRE X.

ENFANTS DE TROUPE ATTEIGNANT L'AGE FIXÉ POUR ENTRER DANS LES ÉCOLES.

Art. 23. Chaque année, au mois d'avril, les conseils d'administration, après avoir recherché sur les contrôles des corps les enfants de troupe de la série appelée à entrer au mois d'octobre dans les écoles militaires préparatoires, mettront les parents ou tuteurs de ces enfants en demeure de produire la déclaration prescrite par l'article 5 de la loi du 19 juillet 1884 (modèle n° 4).

A cette déclaration, qui devra être adressée aux corps avant le 15 mai, les familles devront joindre un certificat d'aptitude physique (modèle n° 3), établi par un médecin militaire ou, à son défaut, par un médecin civil dont la signature sera dûment légalisée.

Art. 24. En cas de refus par les familles de produire ces pièces, ou faute de les avoir produites à la date du 15 mai, les enfants de troupe seront rayés des contrôles.

Toutefois, comme quelques-uns de ces enfants sont orphelins ou dans une situation de tutelle mal définie, MM. les généraux commandant les corps d'armée ne prononceront aucune radiation sans avoir préalablement fait constater, par une enquête locale, les motifs réels du refus ou de la non-production des pièces, et ils devront toujours prendre les ordres du Ministre lorsqu'ils croiront qu'il n'y a pas lieu de prononcer la radiation.

Ils auront à faire parvenir au Ministre, avant le 1er juillet, l'état des enfants de troupe qui auront été rayés, en indiquant, pour chacun d'eux, les motifs de cette mesure.

CHAPITRE XI.

ADMISSION DES FILS DE MILITAIRES NON ENFANTS DE TROUPE.

Art. 25. Les fils de militaires, non enfants de troupe, remplissant les conditions énumérées à l'article 2 du présent règlement, peuvent être admis dans les écoles militaires préparatoires (1).

Art. 26. L'établissement, la transmission, l'instruction et le classement des demandes qui les concernent ont lieu conformément aux prescriptions contenues dans les articles 3, 4, 5, 6, 7, 8 et 9.

Art. 27. La désignation de ces enfants pour les places disponibles dans ces écoles est faite selon les règles fixées par les articles 10, 11 et 12.

Art. 28. Leur immatriculation et leur mise en route sur ces établissements s'effectuent d'après les dispositions des articles 30, 31 et 32 ci-après.

CHAPITRE XII.

RÉPARTITION DES ENFANTS DE TROUPE ENTRE LES DIVERSES ÉCOLES.

Art. 29. En principe, les enfants de troupe de l'infanterie et des

---

(1) Ils sont inscrits sur les registres matricules des corps désignés à cet effet, à compter de la date de leur admission. (Décret du 3 mars 1885, art. 7.)

sections administratives seront dirigés sur l'une des quatre écoles suivantes (1) :

Ecole de Rambouillet.

Enfants de troupe appartenant aux 5e, 8e, 12e, 13e corps et gouvernement de Paris.

Ecole de Montreuil-sur-Mer.

Enfants des 1er, 2e, 6e, 7e et 14e corps.

Ecole de Saint-Hippolyte-du-Fort.

Enfants des 15e, 16e, 17e, 18e, 19e corps et Tunisie.

Ecole des Andelys.

Enfants des 3e, 4e, 9e, 10e et 11e corps.

Tous les enfants de troupe de la cavalerie seront dirigés sur l'école d'Autun et ceux de l'artillerie, du génie et du train sur l'école de Billom.

Quant aux enfants de troupe de la gendarmerie, ils seront répartis, autant que possible, dans les écoles de l'arme d'origine de leur père.

Lorsque le nombre des places disponibles dans les écoles rendra cette mesure nécessaire, le Ministre pourra modifier l'affectation d'un enfant de troupe (2).

---

(1) L'effectif des enfants de troupe de 2 à 13 ans à inscrire sur les contrôles des corps est fixé au chiffre maximum de 5,000, dont :

2,500 enfants de 8 à 13 ans ;
1,500 — de 5 à 8 ans ;
1,000 — de 2 à 5 ans.

La répartition des enfants de troupe par catégorie d'âge et par arme est déterminée par le Ministre de la guerre. (Art. 21 du décret du 3 mars 1885.)

(2) Le Ministre peut ordonner le passage des élèves d'une école dans une autre, et prononcer des changements d'affectation d'armes. (Art. 3 du décret du 3 mars 1885.)

Les enfants de troupe qui ne seraient pas jugés susceptibles d'être maintenus dans les écoles pour cause d'inaptitude physique ou pour inconduite sont, sur l'ordre du Ministre, rayés des contrôles de l'établissement et rendus à leurs familles.

Le Ministre de la guerre statue sur les demandes faites par les familles dans le but de retirer les enfants des écoles. Les élèves ainsi réclamés ne reçoivent pas de frais de route, à moins que cette demande ne résulte de l'état de santé de l'enfant, constaté par certificat de visite et de contre-visite. (Art. 14 du même décret.)

Le commandement de chaque école militaire préparatoire est confié à un commandant ou à un capitaine qui a sous ses ordres un capitaine commandant en second, remplissant les fonctions de major.

Des officiers, des sous-officiers, des caporaux et des soldats sont employés

CHAPITRE XIII.

MISE EN ROUTE.

Art. 30. Le Ministre fait connaître en temps utile à MM. les généraux commandant les corps d'armée l'école à laquelle doivent être affectés les enfants de troupe ayant atteint l'âge fixé pour entrer dans les écoles militaires preparatoires, ainsi que la date du jour où ils devront se présenter aux commandants de ces établissements.

Il en est de même pour les candidats, non enfants de troupe, désignés par le Ministre pour entrer dans les écoles militaires préparatoires. Ceux-ci seront, en outre, immatriculés dans un corps à la date fixée pour leur mise en route.

Art. 31. Les enfants admis dans les écoles militaires préparatoires ont droit, à dater du jour de leur mise en route, à la solde et aux prestations allouées aux soldats de 2e classe de l'infanterie (1). Les conseils d'administration informent les familles des mesures qu'elles ont à prendre pour que ces enfants rejoignent les écoles auxquelles ils ont été affectés.

à l'instruction et à la surveillance des élèves, à la tenue des écritures et aux divers services de ces établissements.

Le personnel des officiers et des sous-officiers est choisi parmi des militaires en activité de service ou en retraite. (Art. 15 du même décret.)

Les officiers du cadre actif continuent à compter à leur corps. Ils reçoivent les allocations prescrites par les tarifs applicables aux écoles.

La pension des officiers retraités est complétée, pendant la durée de leurs fonctions, à la solde d'activité de l'emploi qu'ils occupent.

Le temps passé dans les écoles par les sous-officiers jouissant d'une pension de retraite proportionnelle leur est compté pour les droits à la pension complète de retraite.

Les hommes de troupe sont mis hors cadre; ils reçoivent les allocations prescrites par les tarifs en vigueur.

Le commandant de chaque école a droit aux frais de service attribués par le décret du 30 mai 1875 au commandant de l'école d'essai des enfants de troupe. (Art. 16 du même décret.)

Chaque école militaire préparatoire est administrée par un conseil, composé ainsi qu'il suit :

Le commandant de l'école, *Président*.
Le commandant en second,
Un lieutenant instructeur renouvelé chaque année,
Le trésorier,
Le comptable du matériel,
} *Membres*.

(Art. 17 du même décret.)

(1) Ils ont droit à l'indemnité de route et aux vivres; toutefois, ils ne reçoivent jamais de biscuit en remplacement de pain. Leur première mise de petit équipement est fixé à 40 francs et ils reçoivent une prime journalière de 0 fr. 11 pour alimenter leur masse individuelle.

La masse des élèves qui ne s'engagent pas lorsqu'ils ont atteint l'âge, est acquise à l'Etat. (Art. 13 du décret du 3 mars 1885.)

Art. 32. Leurs dossiers sont transmis aux commandants des écoles auxquelles ils sont affectés, mais ils continuent à figurer sur les contrôles des corps de troupe jusqu'au jour de leur engagement volontaire dans l'armée ou de leur radiation des écoles militaires, pour y participer au bénéfice des legs et fondations attribués à ce corps (1)

TITRE IV.

Admission des enfants de troupe à l'orphelinat Hériot.

CHAPITRE XIV.

CONDITIONS D'ADMISSION.

Art. 33. Les candidats à l'orphelinat fondé par M. le commandant Hériot sont choisis parmi les enfants de troupe orphelins de l'armée de terre.

Art. 34. Ils doivent être fils de soldats, caporaux ou brigadiers ou sous-officiers et être âgés de 5 ans au moins et de 13 ans au plus.

CHAPITRE XV.

INSTRUCTION DES DEMANDES.

Art. 35. Les parents ou tuteurs déclarent, dans la demande qu'ils adressent au conseil d'administration du corps auquel appartient l'enfant de troupe dont ils sollicitent l'admission à l'orphelinat Hériot, qu'ils ont connaissance des dispositions suivantes :

1° Le secours annuel qu'ils reçoivent cessera de leur être payé à partir de la mise en route de l'enfant sur cet établissement ;

2° A l'âge de 13 ans, l'enfant sera admis dans une école militaire préparatoire.

A cette demande sera joint un certificat d'aptitude physique (modèle n° 3).

Art. 36. Lorsqu'ils reçoivent une demande de cette nature, les conseils d'administration établissent, après enquête, un rapport individuel sur la situation dans sa famille de l'enfant qui en fait l'objet.

---

(1) Les conseils d'administration choisissent les bénéficiaires des prix ou donations affectés aux corps, en se basant sur les notes et renseignements recueillis au sujet des enfants de troupe se trouvant, soit dans leurs familles, soit dans les écoles. (Art. 31 du décret du 3 mars 1885.)

Art. 37. Au 1er juillet de chaque année, ils transmettent hiérarchiquement aux commandants des corps d'armée un mémoire de proposition (modèle n° 5) pour chaque enfant de troupe dont l'admission à l'orphelinat Hériot est demandée.

Ce mémoire est accompagné de la demande des parents prescrite par l'article 35, du rapport du conseil d'administration et du dossier qui a servi à l'admission du candidat en qualité d'enfant de troupe.

Art. 38. Les propositions d'admission à l'orphelinat sont soumises à la commission régionale en même temps que les demandes concernant l'admission des candidats aux places d'enfants de troupe.

Elles sont examinées par la commission et résumées sur un tableau spécial (modèle n° 9) qui est transmis au Ministre avec les dossiers concernant les candidats.

Art. 39. Le Ministre prononce les admissions à l'orphelinat Hériot et en informe MM. les commandants des corps d'armée, en leur renvoyant les dossiers des candidats dont la proposition n'a pu être accueillie.

Les dossiers des candidats admis sont adressés au commandant de l'orphelinat.

CHAPITRE XVI.

ADMISSION A L'ORPHELINAT.

Art. 40. Les enfants de troupe désignés pour être admis à l'orphelinat entrent dans cet établissement dans le courant du mois d'octobre, au jour fixé par le Ministre.

A partir du jour de leur mise en route, ils ont droit à la solde et aux prestations allouées aux soldats de 2e classe de l'infanterie comme les élèves des écoles militaires préparatoires auxquels ils sont assimilés.

Ils continuent également à figurer sur les contrôles des corps jusqu'au jour de leur engagement dans l'armée.

CHAPITRE XVII.

MISE EN ROUTE SUR L'ORPHELINAT.

Art. 41. Les enfants admis à l'orphelinat sont conduits à l'Ecole de Rambouillet, d'où ils sont dirigés sur l'orphelinat, à La Boissière (Seine-et-Oise), par les soins des commandants de ces établissements.

Art. 42. Dès que les parents sont informés de l'admission des enfants, ils font connaître immédiatement à l'autorité militaire s'ils ont l'intention de les conduire eux-mêmes à Rambouillet, à la date prescrite. Dans ce cas, il leur sera délivré une feuille de route au nom de l'enfant de troupe intéressé.

Art. 43. Les enfants que leurs parents ne peuvent pas conduire eux-mêmes sont dirigés sur l'Ecole par les soins de l'autorité militaire, qui prescrit les mesures nécessaires et les porte à la connaissance des familles.

Fait à Paris, le 12 avril 1888.

Le Ministre de la guerre,
Signé : C. DE FREYCINET.

Constatation de l'existence des enfants de troupe chez leurs parents.

Les enfants de troupe résidant dans le lieu de garnison du corps auquel ils appartiennent ne sont pas tenus d'assister aux revues d'effectif; mais leur existence est constatée trimestriellement. Ils sont présentés, à cet effet, par leurs parents, au fonctionnaire de l'intendance militaire de la garnison.

L'existence des enfants de troupe résidant hors des lieux de garnison des corps auxquels ils appartiennent est constatée trimestriellement par des certificats de présence établis conformément au modèle ci-annexé, par les maires des résidences. Ces certificats sont adressés par ces fonctionnaires municipaux aux fonctionnaires de l'intendance militaire des lieux de garnison des corps où ont été admis les enfants de troupe. (Note minist. du 14 avril 1883.)

MODÈLE.

Certificat pour la constatation de l'existence des enfants de troupe résidant hors du lieu de garnison du corps auquel ils appartiennent.

Le maire de la commune de soussigné, certifie que le nommé (noms et prénoms), enfant de troupe au est vivant, et qu'il demeure chez ses parents, actuellement domiciliés en cette commune.

Exonération des frais d'étude en faveur des enfants de troupe.

Circulaire du Ministre de la guerre au sujet des nouvelles formalités à remplir pour obtenir l'exonération des frais d'étude.

Paris, le 10 novembre 1883.

Mon cher Général, M. le Président du conseil, Ministre de l'instruction publique, m'informe que la concession de l'exonération des frais d'étude en faveur des enfants de troupe est soumise aujourd'hui aux conditions suivantes, que j'ai l'honneur de porter à votre connaissance.

Tout d'abord, l'instruction étant actuellement donnée *gratuitement* dans toutes les *écoles communales*, il n'y a plus lieu d'accorder l'exonération des frais d'études aux enfants de troupe qui suivent volontairement et de préférence les classes primaires des *lycées*.

Quant aux enfants de troupe qui poursuivent leurs études jusqu'à l'enseignement *secondaire*, ils restent soumis à la règle commune. Ils doivent donc, pour obtenir l'exemption des frais de scolarité, subir avec succès un examen destiné à prouver leur aptitude pour les études secondaires. Les propositions qui les concerneront devront être accompagnées :

1° D'une demande du colonel du régiment ;
2° D'une demande des parents faisant connaître le grade et les années de service du père, ainsi que les charges de famille ;
3° D'un certificat d'examen.

Toutefois, et à titre transitoire, les enfants de troupe précédemment compris dans la liste des exemptions pourront y être maintenus s'ils se distinguent par leur conduite et leur travail, et si la moyenne de leurs places les range dans la première moitié de la classe (1).

Si quelques-uns d'entre eux ne remplissaient pas ces conditions, ils ne pourraient être proposés à nouveau qu'après avoir subi l'examen réglementaire. En cas d'échec à cet examen, le peu d'aptitude des élèves serait signalé au colonel du régiment et aux familles, qui auraient à s'entendre pour les mesures à prendre.

---

(1) Cette circulaire abroge celle du 18 mai 1880, relative aux enfants de troupe des corps qui étaient admis gratuitement à l'externat surveillé dans les lycées

Orphelinat Hériot.

Décret du 3 novembre 1884.

Art. 1er. Le Ministre de la guerre, au nom de l'Etat, est autorisé à accepter, aux clauses et conditions énoncées dans l'acte ci-dessus visé, la donation offerte par M. Hériot, ancien chef de bataillon, pour la création d'un orphelinat pour les enfants de troupe de l'armée de terre, âgés de 5 ans au moins et de 13 ans au plus.

Cette donation comprend :

1° 9 hectares 60 ares de terrains contenus dans le domaine de la Boissière (Seine-et-Oise);

2° La somme nécessaire tant pour l'édification des constructions dans lesquelles sera installé l'orphelinat, que pour son aménagement intérieur, et la fourniture de tout l'ameublement ;

3° Un capital de un million de francs, exigible seulement après le décès du donateur, mais dont il s'engage à verser annuellement au Trésor les intérêts à 3 pour 100 l'an, soit 30,000 francs, pour servir exclusivement à l'entretien de l'établissement. Le paiement de ce capital et des intérêts sera garanti par une inscription hypothécaire prise, au profit de l'Etat, sur les biens de M. Hériot.

Art. 2. Lors du remboursement du capital de un million, ce capital sera placé en rentes sur l'Etat ; lesdites rentes seront immatriculées au nom du Ministre de la guerre, avec mention, sur le titre, de la destination des arrérages.

Art. 3. L'orphelinat ainsi fondé portera le nom de : « Orphelinat Hériot. »

Rapport au Président de la République française.

Monsieur le Président,

Le décret du 3 novembre 1884, par lequel vous avez autorisé le Ministre de la guerre à accepter, aux clauses et conditions énoncées dans l'acte passé devant Me Jousselin et son collègue Me Renard, notaires à Paris, la donation offerte par M. Hériot, ancien chef de bataillon, pour la création d'un orphelinat destiné à recevoir les enfants de troupe de l'armée de terre, âgés de 5 ans au moins et de 13 ans au plus, dispose, article 4, qu'il sera statué ultérieurement sur l'organisation administrative de l'orphelinat.

Le commandant Hériot ayant remis à mon administration, le 4 novembre dernier, les bâtiments aménagés et meublés, j'ai l'honneur de soumettre à votre haute sanction le décret suivant, relatif à l'organisation et au fonctionnement de cet établissement.

Veuillez agréer, Monsieur le Président, l'hommage de mon respectueux dévouement.

Le Ministre de la guerre,
Signé : Gal BOULANGER.

APPROUVÉ :
Le Président de la République,
Signé : JULES GRÉVY.

LE PRÉSIDENT DE LA RÉPUBLIQUE FRANÇAISE,

Sur le rapport du Ministre de la guerre,

Vu le décret du 3 novembre 1884, autorisant le Ministre de la guerre à accepter la donation offerte par M. Hériot pour la fondation d'un orphelinat destiné aux enfants de troupe de l'armée de terre,

DÉCRÈTE :

Art. 1er. L'orphelinat Hériot, fondé par décret du 3 novembre 1884, est classé parmi les écoles militaires préparatoires.

Art. 2. L'effectif des enfants de troupe orphelins à admettre est d'au moins cent soixante. Nul enfant ne pourra être admis s'il ne remplit les conditions d'aptitude physique exigées des candidats aux écoles militaires préparatoires et s'il a moins de 5 ans et plus de 13 ans.

Art. 3. Les admissions sont prononcées par le Ministre de la guerre.

Dix places sont réservées au choix du fondateur qui pourra les accorder à des enfants, orphelins ou non, assujettis seulement à remplir les conditions d'âge et de constitution exigées à l'article 2.

Art. 4. Le commandement de l'orphelinat est exercé par un capitaine.

Un officier d'administration adjoint de 1re classe est chargé des détails relatifs à l'administration et à la comptabilité.

Des sous-officiers, caporaux, soldats et agents divers sont employés à la surveillance des enfants et aux travaux de l'intérieur. Le nombre en est fixé par le tableau annexé au présent décret.

Le personnel des officiers et des sous-officiers est choisi parmi les militaires en activité de service ou en retraite.

Art. 5. Le service médical est assuré par un médecin militaire en activité de service ou en retraite.

Art. 6. Les dispositions de l'article 16 du décret du 3 mars 1885, portant création des écoles militaires préparatoires, sont applicables au personnel de l'orphelinat.

Art. 7. Les enfants reçoivent l'instruction primaire nécessaire en vue de leur entrée à l'âge de 13 ans dans une école militaire préparatoire.

Ils sont répartis d'après leur âge en plusieurs classes.

Art. 8. Les instituteurs sont choisis parmi les militaires en activité de service ou en retraite, ou dans le personnel de l'instruction publique.

Art. 9. L'instruction religieuse des enfants leur est donnée, selon le vœu des familles, par un ministre du culte auquel ils appartiennent.

Art. 10. Des religieuses sont chargées des détails de l'infirmerie, de la lingerie, de la nourriture des élèves et de la classe enfantine.

Art. 11. Les lois, décrets et règlements qui régissent les écoles militaires préparatoires sont applicables à l'orphelinat.

Art. 12. Le Ministre de la guerre est chargé de l'exécution du présent décret.

Fait à Paris, le 14 décembre 1886.

Signé : Jules GRÉVY.

Par le Président de la République :

Le Ministre de la guerre,

Signé : Gal Boulanger.

TABLEAU FIXANT LA COMPOSITION DU PERSONNEL.

Officiers :	Capitaine, directeur	1
—	Lieutenant commandant en second	1
—	Officier d'administration adjoint de 1re classe chargé des détails	1
—	Médecin-major de 2e classe	1
	Total	4

Sous-officiers : Adjudant	1
— Sergents	2
Total	3
Caporaux instructeurs	4
Soldats : Clairon	1
— Conducteurs des équipages	2
— Hommes de corvées (dont 1 menuisier, 1 serrurier et 1 télégraphiste)	11
— Cuisiniers	2
— Infirmier	1
— Lampiste et jardinier	1
— Ordonnances	4
— Ouvriers tailleurs	2
— Ouvriers cordonniers	2
— Perruquier	1
— Secrétaire du commandant	1
— Secrétaire de l'officier d'administration	1
Total	29
Professeurs de 3e classe	2
Sœurs de charité de Saint-Vincent-de-Paul	7

Prix fondé par le général baron de Feuchères.

En 1842, le général de division baron de Feuchères a fait donation d'une somme de 100,000 francs, en faveur des enfants de troupe de l'armée.

Cette somme, suivant le vœu du donateur, a été convertie en rente 3 pour 100 sur l'Etat, et donne un dividende annuel de 3,302 francs à répartir entre les seize enfants de troupe auxquels les prix sont attribués.

Chaque prix, d'environ 206 francs au moment de la répartition, s'élève à 250 ou 260 francs, y compris les intérêts dont il est productif jusqu'au jour où l'enfant de troupe se trouve dans les conditions voulues pour en devenir possesseur.

Ces conditions sont :

1° Que l'enfant n'ait pas été rayé des contrôles ;
2° Qu'il ait atteint l'âge de 18 ans ;
3° Qu'il ait contracté un engagement volontaire de cinq ans.

Dans le cas où le titulaire aurait cessé de compter parmi les enfants de troupe, avant d'atteindre l'âge auquel la loi permet de contracter un engagement pour cinq années, il serait déchu de tout droit au prix qui lui aurait été décerné.

Ce prix serait alors reporté sur un autre enfant de troupe du même corps, pour être ultérieurement payé dans les mêmes conditions.

Aucun titre n'est délivré au titulaire ; un compte particulier est seulement ouvert, à la Caisse des dépôts et consignations, au nom de chaque enfant de troupe désigné.

Pour obtenir le paiement, une demande, faite par le conseil d'administration du corps où le titulaire sert comme engagé volontaire, est adressée au Ministre, accompagnée de l'état signalétique et de services, et de la copie de l'acte d'engagement.

Engagement des enfants de troupe titulaires des prix de la donation de Feuchères.

Le Ministre de la guerre a décidé que les enfants de troupe titulaires des prix de la donation de Feuchères, qui, parvenus à l'âge de 18 ans, ne voudraient pas être maintenus dans les corps où ils sont inscrits, devraient cependant prendre un engagement dans ce corps, conformément aux termes du décret du 8 septembre 1878. Ainsi se trouvent remplies les conditions imposées par l'instruction ministérielle de 1843, relative à la donation de Feuchères; mais, pour tenir compte du désir qu'ils auront exprimé, ils devront, l'engagement fait, obtenir ultérieurement un changement de corps.

Quant aux enfants de troupe, titulaires des prix *de Feuchères*, qui voudront servir comme engagés volontaires dans les régiments où ils sont inscrits, ils devront toujours, sous peine de perdre le bénéfice de la fondation, contracter leur engagement dès l'accomplissement de leur 18e année, puisque le décret du 8 septembre 1878 leur permet d'accomplir, dans ces conditions, l'acte dont il s'agit à toute époque de l'année. (Décis. minist. du 5 avril 1879.)

Outre la fondation de Feuchères, on distingue celle d'un anonyme de 1818, de Legrand, de Durand et de Leroy-Duverger, cette dernière spécialement en faveur d'un enfant de troupe de gendarmerie.

Chemin de fer. — Les enfants de troupe voyagent en chemin de fer au tarif réduit.

Afin de permettre aux enfants de troupe laissés dans leurs familles et voyageant en chemin de fer de profiter des réductions de prix accordées aux militaires, le Ministre a décidé que, sur la demande de leurs parents ou tuteurs, il leur serait délivré des feuilles de route sans indemnité.

Les demandes doivent être adressées au commandant d'armes

le plus voisin; la mention « accordé » portée sur lesdites demandes et signée par ce commandant d'armes remplace l'invitation de délivrance de feuille de route. (Note minist. du 22 février 1885.)

Engagement des enfants de troupe.

Les enfants de troupe qui ont atteint l'âge de 18 ans peuvent s'engager à toute époque de l'année et pour n'importe quel corps. (Circ. des 28 juin 1878, 11 février 1879 et note minist. du 11 septembre 1886.)

Admission des enfants de troupe dans les hôpitaux.

Les enfants de troupe présents ou absents continuent à être admis dans les hôpitaux à la charge du département de la guerre, dans les conditions prévues par le règlement sur le service de santé.

Aucune retenue n'est exercée sur l'indemnité annuelle accordée aux parents des enfants de troupe laissés dans leurs familles, lorsque ces derniers sont traités dans les hôpitaux militaires. (Note minist. du 10 novembre 1885.)

MARINE.

Application aux troupes de la marine du décret du 3 mars 1885 (guerre) portant exécution de la loi du 19 juillet 1884, qui a pour objet la suppression des enfants de troupe dans les régiments et la création de six écoles militaires préparatoires.

(Du 9 juin 1885.)

Messieurs, j'ai l'honneur de vous informer que j'ai rendu applicables aux troupes de la marine les dispositions du décret ci-après reproduit, du 3 mars 1885, rendu en exécution de la loi du 19 juillet 1884, qui a supprimé les enfants de troupe dans les régiments et créé six écoles militaires préparatoires. Cette application aura lieu sous la réserve des modifications suivantes :

La commission spéciale chargée, d'après les articles 11 et 26 du décret précité, d'examiner et de classer les demandes d'admission dans les écoles militaires préparatoires et aux places d'enfant de troupe, sera composée, dans chaque port, d'un chef de bataillon ou d'escadron (major de préférence) président, et de trois capitaines que vous désignerez parmi les officiers de chaque arme de la garnison.

La commission dont il s'agit devra faire parvenir au Ministre, par votre intermédiaire et à la date du 1er août de chaque année, les listes et mémoires de proposition, accompagnés des pièces réglementaires.

L'effectif des enfants de troupe de la marine (tant dans leurs familles qu'aux écoles préparatoires) est fixé, par arme, aux chiffres maximum suivants :

191 pour l'infanterie,
38 pour l'artillerie,
21 pour la gendarmerie,

soit un total de 250, qui correspond au nombre actuellement réglementaire des enfants de troupe.

Les pouvoirs attribués par le quatrième paragraphe de l'article 2 du décret du 3 mars 1885 aux généraux commandants de corps d'armée, en ce qui concerne les radiations des enfants de 2 à 13 ans, sont conférés aux vice-amiraux commandant en chef, préfets maritimes.

Les prescriptions de l'article 34 du décret ne sont pas applicables aux corps indigènes de l'armée de mer ; par suite, le régiment de tirailleurs sénégalais et le corps des cipahis de l'Inde conservent leurs enfants de troupe.

D'un autre côté, par analogie avec ce qui a eu lieu au département de la guerre, j'ai arrêté les mesures suivantes :

1° Tous les enfants de troupe, nés depuis le 1er août 1872, présents dans les corps, seront rendus à leurs familles à la date du 1er juillet prochain. En conformité des dispositions transitoires et exceptionnelles prévues à l'article 33 du décret, ces enfants resteront inscrits sur les contrôles des corps. Leurs parents recevront les allocations annuelles déterminées par l'article 22.

2° Seront également renvoyés à leurs familles, à la même date, tous les enfants, nés avant le 1er août 1872, dont les parents ou tuteurs ne consentiraient pas à produire de demandes d'admission dans les écoles préparatoires, ainsi que ceux qui ne réuniraient pas les conditions d'aptitude exigées.

3° Devront être maintenus dans les corps, jusqu'au moment de leur entrée dans les écoles préparatoires, tous les enfants nés avant le 1er août 1872, reconnus aptes à entrer dans ces établissements et dont les parents ont demandé ou demanderaient l'admission.

4° Pourront être maintenus dans les corps, les enfants nés avant le 1er juillet 1868 qui, n'ayant pas l'instruction nécessaire pour entrer dans les écoles, réunissent, cependant, les conditions d'aptitude physique exigées pour le service militaire si, toutefois, leurs familles consentent à leur engagement lorsqu'ils auront atteint l'âge fixé par la loi.

5° Par exception, vous pourrez également, sur la demande des conseils d'administration, me proposer le maintien dans les corps des enfants orphelins de père et de mère, ou dont la situation vous paraîtra particulièrement intéressante.

Tous les enfants de troupe maintenus, à n'importe quel titre, dans les corps après le 1er juillet 1885 continueront à recevoir les allocations attribuées actuellement aux enfants de leur âge.

Enfin, j'ai décidé que les enfants de troupe de la marine maintenus dans les corps seraient groupés de la manière suivante :

1° Au régiment d'artillerie de la marine, à Lorient : les enfants du régiment, des compagnies d'ouvriers et d'artificiers, et ceux de la 3e compagnie de la gendarmerie maritime ;

2° Dans chaque portion centrale des régiments d'infanterie de marine, les enfants de ces régiments, ainsi que ceux des 1re, 2e, 4e et 5e compagnies de gendarmerie.

L'instruction ministérielle prévue par l'article 10 du décret du 3 mars 1885 précité, déterminera les règles à suivre à l'égard des enfants de troupe laissés dans leurs familles aux colonies et présentés comme candidats aux écoles.

Je vous prie d'assurer, chacun en ce qui vous concerne, l'exécution des dispositions contenues dans la présente circulaire, dont l'insertion au *Bulletin officiel de la marine* tiendra lieu de notification.

Recevez, etc.

Signé : Galiber.

Règles à suivre pour le classement, par les commissions spéciales, des mémoires de proposition pour l'admission en qualité d'enfants de troupe dans l'armée de mer.

Paris, le 12 juin 1885.

Messieurs, j'ai l'honneur de vous faire connaître que, par analogie avec les mesures prises au département de la guerre, j'ai arrêté les dispositions suivantes au sujet du classement, par les commissions spéciales instituées en vertu de la circulaire du 9 juin 1885, des mémoires de proposition établis pour l'admission en qualité d'enfant de troupe dans l'armée de mer.

Les demandes d'admission aux places d'enfant de troupe, instruites et centralisées par les conseils d'administration des corps de troupe de la marine, seront soumises, par vos soins, à la commission spéciale que vous réunirez, à cet effet, chaque année, dans la deuxième quinzaine de juillet.

Conformément aux prescriptions de l'article 25 du décret du 3 mars 1885, pourront seuls être présentés comme candidats :

1° Les fils de soldats, caporaux ou brigadiers, sous-officiers et officiers jusqu'au grade de capitaine inclusivement ou assimilés, et les fils d'officiers supérieurs ou assimilés décédés ;

2° Les fils des militaires retirés du service, dont le père est ou a été en possession d'une pension de retraite intégrale ou proportionnelle, d'une pension de réforme pour infirmités ou blessures, ou a contracté un rengagement de cinq ans au moins.

La préférence devra toujours être donnée aux fils d'officiers, employés militaires, sous-officiers ou soldats des troupes de la marine ; mais, à défaut de candidatures de cette catégorie, les enfants de marins et militaires des autres corps de l'armée de mer (officiers-mariniers, surveillants militaires, etc.) seront admis à concourir pour les places vacantes.

Les conseils d'administration devront établir, pour chaque candidat, un mémoire de proposition qui sera accompagné des pièces ci-après :

1° Une demande d'admission, en qualité d'enfant de troupe, formée par les parents ou le tuteur du candidat, et dans laquelle ils s'engageront à reverser au Trésor la moitié des indemnités perçues par eux, dans le cas où l'enfant, par suite d'incapacité reconnue ou de renonciation, n'entrerait pas dans une école militaire préparatoire lorsqu'il aura atteint l'âge prescrit ;

2° Un certificat délivré par le maire du lieu de domicile de la famille, énonçant exactement les moyens d'existence, le nombre d'enfants et les autres charges des parents. Ce certificat doit, en même temps, donner les renseignements les plus explicites sur la moralité de la famille et sur celle de l'enfant. Si le père fait partie d'un corps de troupe, ce certificat est délivré par le conseil d'administration ;

3° L'acte de naissance de l'enfant revêtu des formalités prescrites par la loi ;

4° Un état authentique des services du père de l'enfant ;

5° L'acte de mariage des parents ;

6° Une déclaration d'un médecin militaire ou, à son défaut, d'un médecin civil, dûment légalisée, faisant connaître que l'enfant a eu la petite vérole ou qu'il a été vacciné. Le médecin constatera, dans ce certificat, que l'enfant n'est atteint d'aucune infirmité pouvant l'empêcher de contracter, plus tard, un engagement volontaire.

Les demandes seront groupées par arme d'origine et classées d'après le mérite et les titres des pétitionnaires.

En principe, l'ordre de préférence sera le suivant :

1° Fils de militaires décédés en activité de service ;
2° — décédés étant retirés du service ;
3° — rengagés ou commissionnés en activité de service ;
4° — en activité de service ;
5° — retirés du service.

Mais il appartiendra d'une manière absolue aux commissions de déterminer le rang de classement des candidats d'après l'examen des états de service du père et du certificat du maire, en tenant compte, selon leur conscience, des cas particuliers très intéressants qui pourraient leur être soumis.

Il ne pourra être admis qu'un seul enfant dans une même famille.

Les titres des parents seront appréciés et résumés par chacun des membres de la commission, au moyen d'une cote numérique représentée par un nombre entier pris dans l'échelle de 0 à 20.

Le total des cotes attribuées à chaque proposition par les quatre membres de la commission sera inscrit sur le mémoire de proposition et déterminera l'ordre de classement.

Il sera établi des listes de classement distinctes pour :

1° L'infanterie ;
2° L'artillerie ;
3° La gendarmerie ;
4° Les autres corps de l'armée de mer.

Les listes dont il s'agit, établies d'après le modèle ci-annexé, me seront adressées à la date du 1er août ; elles seront accompagnées d'un rapport très succinct dans lequel les commissions consigneront, s'il y a lieu, leurs observations au sujet de l'instruction et du classement des demandes soumises à leur examen.

Ce travail ne comprendra, cette année, que des enfants nés du 1er août 1873 au 31 juillet 1882 inclus.

Les demandes formées par les anciens militaires seront classées dans l'arme à laquelle appartenaient ces militaires au moment où ils ont quitté le service.

La liste concernant les enfants de la gendarmerie maritime ne devra contenir que des candidats, fils de gendarmes en activité de service ; en conséquence, les demandes formées par des anciens gendarmes maritimes seront classées avec celles de l'arme dont ils provenaient au moment de leur passage dans la gendarmerie.

Les portions centrales se concerteront avec leurs portions secondaires pour faire compléter les dossiers des enfants dont les parents sont en service aux colonies.

L'insertion de la présente circulaire au *Bulletin officiel de la Marine* tiendra lieu de notification.

Recevez, etc.

Signé : GALIBER.

MODÈLES.

1. Demande d'admission en qualité d'enfant de troupe.
2. Certificat constatant la situation de la famille de l'enfant.
3. Certificat d'aptitude physique.
4. Demande d'admission dans une école militaire préparatoire.
5. Mémoire de proposition.
6. Tableau de classement des demandes.
7. Bulletin trimestriel des mutations.
8. Situation nominative des enfants de troupe.
9. Etat nominatif des enfants de troupe proposés pour l'orphelinat Hériot.

Instruction ministérielle du 12 avril 1888. (Art. 4.)

Modèle n° 1.

Format 21/32.

DEMANDE D'ADMISSION

EN QUALITÉ D'ENFANT DE TROUPE

Le soussigné (1)
demande l'admission, en qualité d'enfant de troupe du jeune (2)
son (3)

Il déclare consentir à l'admission ultérieure du jeune
dans une école militaire préparatoire et, à défaut de ce consentement, à verser au Trésor la moitié de la totalité des allocations reçues pour cet enfant.

A , le 18 .

(4)

Demeurant à (5) rue canton
département

(1) Nom et prénoms du signataire.
(2) Nom et prénoms de l'enfant.
(3) Fils ou pupille.
(4) Signature du père ou tuteur.
(5) Domicile du signataire.

Instruction ministérielle du 12 avril 1888. (Art. 4.)

MODÈLE N° 2.

Format 21/32.

CERTIFICAT concernant le sieur (1) *, domicilié à* *, rue* *, canton* *département* *, dont l'admission du fils* (2) *en qualité d'enfant de troupe est demandée* (3)

MOYENS D'EXISTENCE DE LA FAMILLE ET DU TUTEUR. — Industrie ou emploi ; produit annuel ; traitement militaire, civil, de la Légion d'honneur ; médaille militaire ; pension ; revenu foncier ; rentes sur l'État ; charges de la famille ; contributions foncière, personnelle, mobilière.	MORALITÉ DE LA FAMILLE et de l'enfant.	DÉSIGNATION DES ENFANTS. — Indiquer tous les enfants (y compris le candidat) quand même ils seraient placés hors de la famille. Indiquer ceux qui seraient boursiers ou demi-boursiers, ceux qui sont déjà enfants de troupe et, dans ce cas, les corps où ils sont immatriculés.				OBSERVATIONS. — Si le candidat est orphelin, indiquer la date du décès de ses parents.
		NOM et prénoms.	AGE.	SEXE.	POSITION ou situation.	

A , le 18 (4)

Le Maire,

(1) Nom et prénoms du père de l'enfant.
(2) Nom et prénoms du candidat.
(3) En cas de décès du père, ajouter : par le sieur son tuteur.
(4) Cette pièce doit avoir moins de trois mois de date au moment de la présentation de la demande concernant l'enfant.

Instruction ministérielle du 12 avril 1888. (Art. 4, 23 et 35.)

MODÈLE N° 3.

Format 21/32.

CERTIFICAT D'APTITUDE PHYSIQUE.

Après avoir visité minutieusement le jeune (1) , né le , le soussigné (2) , médecin (3), , déclare que cet enfant (4) et qu'il n'est atteint d'aucune maladie ou infirmité pouvant l'empêcher de contracter plus tard un engagement.

A , le 188 .

(5)

(6)

Vu pour la légalisation (7)

(1) Nom et prénoms de l'enfant.
(2) Nom du médecin.
(3) Fonctions du médecin.
(4) A eu la petite vérole *ou* a été vacciné.
(5) Signature du médecin.
(6) Domicile du médecin.
(7) La légalisation ne sera pas nécessaire pour les médecins militaires.
(8) Cette pièce devra avoir moins de trois mois de date au moment de la présentation de la demande qu'elle accompagne.

Instruction ministérielle du 12 avril 1888. (Art. 4 et 23.)

MODÈLE N° 4.

Format 21/32.

EXTRAIT
de la loi du 19 juillet 1884.

ARTICLE 5.

A l'âge minimum fixé par la loi sur le recrutement de l'armée pour l'admission des engagés volontaires, les élèves des écoles préparatoires reconnus aptes au service militaire sont appelés à contracter un engagement dont le terme est déterminé par la date de l'expiration légale du service dans l'armée active de la classe à laquelle ils doivent appartenir par leur âge.

L'élève engagé entre dans l'armée comme soldat.

Celui qui refuse de s'engager est immédiatement rendu à ses parents, et le Ministre est autorisé à exercer, soit sur leur traitement, soit sur les ressources personnelles de l'enfant, une répétition égale à la moitié des frais d'entretien payés par l'Etat.

Le prélèvement opéré dans ces conditions à exercer sur le traitement des parents (solde d'activité ou pension de retraite) ou sur les ressources de l'enfant, ne pourra excéder par an le dixième du montant de ce traitement ou de ces ressources.

DEMANDE D'ADMISSION

d'un enfant dans une école militaire préparatoire.

Je soussigné (1) ; demande l'admission dans une école militaire préparatoire du jeune (2) , son (3) , et déclare consentir à l'engagement ultérieur de cet enfant dans les conditions de l'article 5 de la loi du 19 juillet 1884, reproduit ci-contre, dont il a pris pleine et entière connaissance.

Le soussigné déclare, en outre, s'engager à rembourser, dans les conditions de l'article précité, la moitié des frais d'entretien à l'école du jeune , dans le cas où il le retirerait avant l'âge de son engagement, ou si cet enfant venait à être expulsé pour inconduite.

A , le 18 .

(4)

demeurant à (5)

(1) Nom et prénoms du signataire.
(2) Nom et prénoms de l'enfant.
(3) Fils ou pupille.
(4) Signature du père ou tuteur.
(5) Domicile du signataire.

Format 21/32.

e CORPS D'ARMÉE.

La présente proposition a été établie sur la demande du sieur (1) , de l'enfant, demeurant à , rue , canton , département

PIÈCES A L'APPUI :

DÉSIGNATION.	Observations.
1° Déclaration du père ou tuteur (2) modèle n° ;	
2° Certificat du maire ;	
3° Acte de naissance de l'enfant ;	
4° Services authentiques du père ;	
5° Acte de mariage des parents ;	
6° Certificat d'aptitude physique ;	
7° Rapport du conseil d'administration (4).	

Instruction ministérielle du 12 avril 1888. (Art. 6.)

Modèle n° 5, sur feuille double formant chemise.

e RÉGIMENT D

MÉMOIRE DE PROPOSITION

pour l'admission (3) *du jeune* , *né le* 18 , *à* , *canton* , *département* , *fils de* *et de* , *mariés le* 18 , *à* , *canton* , *département*

SERVICES MILITAIRES DU PÈRE.	SITUATION DE LA FAMILLE. — Age. — Position. — Moyens d'existence. — Date du décès des parents, s'il y a lieu.	DÉSIGNATION DES ENFANTS. — Age. — Sexe. — Profession ou position.
Durée des services calculée au 31 décembre courant (interruptions déduites) : ans. mois. — Grade actuel ou au départ du service actif : — Campagnes : — Blessures : — Décorations : — Motifs de la cessation de service (indiquer le corps où il a quitté le service) :	Le père : — La mère : — Ressources de la famille : — Charges de la famille : — Moralité de la famille : —	1er enfant : 2e enfant : 3e enfant : Etc.

(1) Père ou tuteur.

(2) Pour l'admission en qualité d'enfant de troupe, modèle n° 1 ; pour l'admission dans une école, modèle n° 4.

(3) En qualité d'enfant de troupe dans une école militaire préparatoire ou à l'orphelinat Hériot.

(4) Ce rapport n'est exigé que pour l'admission à l'Orphelinat Hériot.

AVIS DU CONSEIL D'ADMINISTRATION chargé d'instruire la demande :

A , le 18

Le Président du Conseil d'administratio

Instruction ministérielle du 12 avril 1888. Art. 9.

MODÈLE Nº 6.

Format 21/32.

° CORPS D'ARMÉE.

ANNÉE 188 .

TABLEAU DE CLASSEMENT

Des demandes d'admission aux écoles militaires préparatoires et aux places d'enfant de troupe.

Les demandes d'admission aux écoles militaires préparatoires et aux places d'enfant de troupe sont examinées et classées dans chaque corps d'armée par une commission nommée par le général commandant la région et composée de : un colonel ou lieutenant-colonel d'infanterie, président, et quatre membres du grade de commandant ou assimilé, choisis dans toutes les armes et désignés, autant que possible, parmi les officiers supérieurs résidant au chef-lieu du corps d'armée.

Les demandes instruites d'après les règles prescrites par l'instruction du 12 avril 1888 sont classées d'après les titres des pétitionnaires.

Les titres des candidats seront appréciés et résumés par chacun des membres de la commission au moyen d'une cote numérique représentée par un nombre entier pris dans l'échelle de 0 à 20.

Le total des cotes attribuées à chaque proposition déterminera l'ordre de mérite sur la liste de classement. Lorsque plusieurs enfants obtiennent le même nombre de points, la priorité est déterminée par l'âge des candidats.

Le travail de la commission, certifié par le président, est adressé au Ministre, par les soins de M. le général commandant le corps d'armée, avant le 1er septembre, terme de rigueur.

Les dossiers des candidats ne seront pas joints à cet envoi.

SÉRIE.

—

Enfants nés
du 1er août 18 au
31 juillet 18 .

Candidats ayant ans révolus et

(Lorsque plusieurs candidats auront le même nombre

Numéro d'ordre de mérite.	TOTAL DES POINTS attribués au candidat par la commission.	NOMS et PRÉNOMS.	DATE de la NAISSANCE.	DÉSIGNATION DU CORPS DE TROUPE qui a instruit la demande.	où le père est en activité de service (A). — Grade actuel.

(A) Si la gendarmerie était ce corps, indiquer en outre le régiment dans

moins de ans au 1er août courant.

de points, le mérite sera déterminé par l'âge de l'enfant.)

CORPS DE TROUPE OU SERVICE AUQUEL appartenait le père lorsqu'il a quitté l'armée (A). — Grade qu'il avait à son départ.	NOM ET PRÉNOMS DU TUTEUR. — Indiquer si l'enfant est orphelin de père, de mère ou des deux.	DOMICILE ET SITUATION du père ou tuteur, etc.	OBSERVATIONS. — Indiquer si le candidat a un frère classé par la commission actuelle ou bien un frère déjà immatriculé comme enfant de troupe dans un corps ou une école.

lequel servait le père du candidat avant son passage dans cette arme.

CORPS D'ARMÉE.

FORMAT : 21-32.

RÉGIMENT D

Instruction ministérielle du 12 avril 1888. Art. 20.

MODÈLE N° 7.

BULLETIN TRIMESTRIEL des mutations concernant les enfants de troupe désignés ci-dessous :

Numéro matricule.	NOMS, PRÉNOMS, surnoms. (1)	DATE de L'ADMISSION en qualité d'enfant de troupe.	DATE de la NAISSANCE.	LIEU de NAISSANCE. — commune, canton, département.	NOM ET PRENOMS		DATE DE DÉCÈS		NOM et prénoms du TUTEUR.	DOMICILE du père ou TUTEUR.	MUTATIONS affectant l'effectif. — Toutes les mutations qui surviennent dans l'effectif des enfants de troupe sont portées à la connaissance du Ministre.	OBSERVATIONS. — Changements de résidence des familles ou dans la tutelle des enfants.
					du père de l'enfant.	de la mère de l'enfant.	du père.	de la mère.				

(1) Les enfants de troupe ayant fait mutation dans le trimestre ou pour lesquels un changement est à signaler doivent seuls figurer sur cet état.

A , le 18 .

Le Président du conseil d'administration, (1)

Instruction ministérielle du
12 avril 1888, art. 22.

MODÈLE N° 8.

Format : 21×32.

e RÉGIMENT.

SITUATION NOMINATIVE

des enfants de troupe inscrits à la date du 1er juillet 18 sur les registres matricules du corps.

TABLEAU A.

NUMÉROS MATRICULES.	NOMS et PRÉNOMS.	DATE de la NAISSANCE. — (1) Série :	ENFANTS DE TROUPE NÉS DU 1er AOUT 18 AU 31 JUILLET 18	18 AU 31 JUILLET 18	18 AU 31 JUILLET 18	18 AU 31 JUILLET 18	18 AU 31 JUILLET 18	18 AU 31 JUILLET 18	18 AU 31 JUILLET 18	18 AU 31 JUILLET 18	18 AU 31 JUILLET 18	18 AU 31 JUILLET 18	18 AU 31 JUILLET 18	18 AU 31 JUILLET 18	18 AU 31 JUILLET 18	18 AU 31 JUILLET 18

(1) Les enfants nés du 1er août 1867 au 1er juillet 1868 ont pris la lettre de série A ; les enfants nés dans les périodes suivantes ont pris les lettres B, C, D, et ainsi de suite. La lettre Z sera attribuée aux enfants qui naîtront du 1er août 1891 au 31 juillet 1892. Les séries suivantes reprendront successivement les lettres A, B, C, etc.

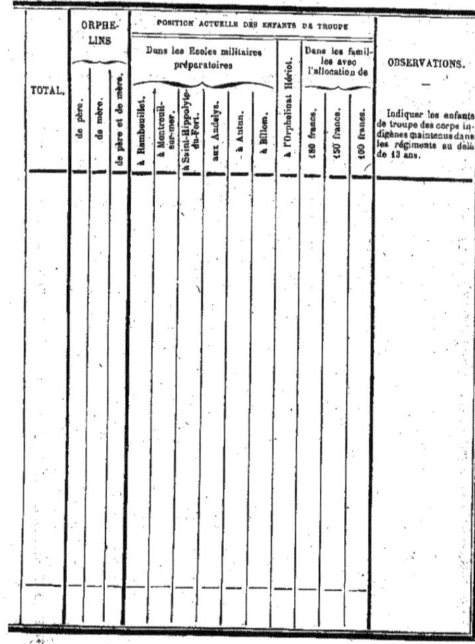

TOTAL.	ORPHELINS de père.	ORPHELINS de mère.	ORPHELINS de père et de mère.	POSITION ACTUELLE DES ENFANTS DE TROUPE — Dans les Écoles militaires préparatoires à Rambouillet.	à Montreuil-sur-mer.	à Saint-Hippolyte-du-Fort.	aux Andelys.	à Autun.	à Billom.	à l'Orphelinat Hériot.	Dans les familles avec l'allocation de 180 francs.	150 francs.	100 francs.	OBSERVATIONS. — Indiquer les enfants de troupe des corps indigènes maintenus dans les régiments au delà de 13 ans.

A , le 18 .

Le Président du conseil d'administration,

TABLEAU B.

MUTATIONS affectant l'effectif survenues depuis l'établissement de la situation au 1er juillet de l'année précédente.

NUMÉROS MATRICULES.	NOMS et PRÉNOMS.	DATE de la NAISSANCE.	LETTRE DE LA SÉRIE.	MOTIFS ET DATE DE L'IMMATRICULATION ou de la radiation.

MODÈLE N° 9.

Instruction ministérielle du 12 avril 1888, art. 38.

Format : 21×32

e CORPS D'ARMÉE.

ETAT NOMINATIF

Des enfants de troupe orphelins, nés du 1er août 18 . au 31 juillet 18 , proposés pour être admis à l'orphelinat Hériot.

SÉRIES :

Les pièces concernant ces enfants réunies, dans un mémoire individuel de proposition du modèle n° 5, annexé à l'instruction du 12 avril 1888, seront jointes au présent état.

DÉSIGNATION du corps de troupe où l'enfant est immatriculé.	NUMÉRO matricule.	NOMS ET PRÉNOMS.	DATE de la NAISSANCE.	ORPHELINS		
				de père et de mère.	de père.	de mère.

CHARGES DE LA FAMILLE. — Nombre d'enfants.	RESSOURCES de la FAMILLE.	NOM ET PRÉNOMS, DOMICILE ET SITUATION du père ou du tuteur. — Indiquer si l'enfant de troupe réside avec sa famille.	OBSERVATIONS.

TABLE DES MATIÈRES.

Paris et Limoges. — Imprimerie militaire Henri Charles-Lavauzelle.

Paris et Limoges. — Imprimerie militaire Henri CHARLES-LAVAUZELLE.

www.ingramcontent.com/pod-product-compliance
Ingram Content Group UK Ltd.
Pitfield, Milton Keynes, MK11 3LW, UK
UKHW022142170726
13837UKWH00004B/1717